Æ
Æ Æ Æ
Æ Æ Æ
Æ Æ

AF273959

BACK BAY

ÆREA | *carménère*

Álvaro García

Back Bay

861   García, Álvaro
S   Back Bay /Álvaro García -- Santiago-
       Barcelona : RIL editores-Ærea | Carménère,
       2024.

       54 pág. ; 23 cm.

       ISBN: 978-84-10248-22-9

     1 POESÍA ESPAÑOLA. 2 LITERATURA ESPAÑOLA.

ÆREA | *carménère*

Serie dirigida por
Eleonora Finkelstein y Daniel Calabrese

BACK BAY
Primera edición: septiembre de 2024

© Álvaro García, 2024

© Ærea, 2024

Un sello de RIL® editores
SEDE SANTIAGO DE CHILE: Los Leones 2258 • CP 7511055 Providencia
☎ (56) 22 22 38 100 • ril@rileditores.com • www.rileditores.com

SEDE VALPARAÍSO: Cochrane 639, of. 92 • CP 2361801 Valparaíso
☎ (56) 32 274 6203 • valparaiso@rileditores.com

SEDE ESPAÑA: europa@rileditores.com

Composición y diseño: RIL® editores
Diseño de colección: Marcelo Uribe Lamour
Imagen de cubierta: Pedro Zamora, «Chica en la playa»,
          tinta en papel sobre corcho, 2024

Impreso en España • *Printed in Spain*

ISBN: 978-84-10248-22-9
Depósito Legal: B 15306-2024

Para Ana

Día de fin de espacio,

se pone de pie el agua con puntas de amarillo

y hay reflejos de aspas en las torres,

la internacionalidad atónita del mar,

un país rumoroso en el que sólo veo

su rumor de abandono, luz de margen.

Milenios se resuelven en simple rompeolas,

césped pavimentado al que le sale césped,

bahía: luz final

a cada lado del pasar de un cuerpo que da la mano a
   otro,

meditaciones que la sangre emplaza

a haber llegado aquí a base de ser tiempo,

tiempo acordado como un creador aún de seres cuya
    trama
es luz en hojas mínimas,
delegación de espíritu en paisaje,
el tiempo indiferente, nuestro abrazo que dura
lo que tarda en llenarse de realidad el día abandonado.
Soy el que dio las gracias con deferencia fruto del
    terror.
Soy el que, aquí en Back Bay, mirándote cortar esas
    flores malva,
ha recordado —apenas para mí, como de hecho es todo
lo que sin más recuerda quien recuerda por mucho
    que lo cuente.
Primavera cumplida, te compones
de material herido.
Yo iba con un tebeo a fiestas de mi infancia.
Hemos sobrevivido cada uno por su lado,

fortalecidos por la idea de llegar a saber qué dice un
    día como para colarse entre la vida a trozos.
Hay signos de la muerte sumergidos,
hay el dolor que flota como un tablón de corcho con
    verdín.
Desde el secreto de su noche el tiempo
hace olas, orillas de extrarradio con castaños.
Yo me fui convirtiendo en mi silencio
hasta llegar a ver
cómo duermes en vuelo desvelado
mientras que yo soy trozos de galleta,
restos de plato frío de hace tres países.
Has matado a tus ex para llegar a vernos entre ardillas
y el alto brillo enfático de las ventanas,
imantados al centro que late bajo el césped
como un útero umbroso de posibilidad.
Esta orilla de flores y de fotos

es una primavera al filo de lo frágil,

azul alto, tangente entre dos vidas,

altura de lo hondo en superficie,

rompeolas que aligera el viaje a la conciencia

y que interrumpe el tiempo con un tiempo interior.

Los días de estar juntos son una luz que escapa

con su color de zumo para convalecientes.

Esta indulgencia de la luz mojada

amplía realidad,

no se trocea más la vida

como por noches de años sin saber que tú existes,

zonas resquebrajadas donde ahorra material la
    tradición gastada del amor.

Hora de estar de acuerdo en camisas pastel

con marco azul tranquilo de realidad real

y haber cruzado décadas sin verte,

confío en esta tarde

que yo volví quimera hasta tragármela

y volverme una especie de elegancia impertérrita

que es la que definía la invisibilidad.

Les pedía sentido a reuniones humanas.

Hoy la tierra endereza su eje hacia esta orilla

donde destella aún la sensación

de que algo es por algo finalmente.

Yo haría a crol muy largas reflexiones

sin conclusión: en la demora

del sentido que da la tarde a Back Bay.

Los años eran años laterales,

eran aquella seriedad ahuevada de significación social

o familiar.

Somos dos náufragos de amores muertos

que un día se saludan en una conferencia a la que no

va nadie.

Somos un destilado de futuro

y de trajes delante de un espejo que decidió engullirnos,

ser dos a quienes llega algo de luz

de antes de rozar

la conciencia un aliento que este momento cifra en
   la bahía,

murmullos de canción con fondo de extractor de
   baño de hotel medio.

Me apego aquí contigo a todo lo que afecta a no saber,

miro la flor de espaldas y los cristales altos,

miro surgir el cielo,

miro cómo en lo oscuro de la calle

somos el absoluto de las botas que brillan.

Back Bay es ya pasado

mientras lo estamos habitando de hecho:

vivir es una puerta vacía de nosotros pero que da a
   nosotros.

Y, con todo, querremos aún saber,

como las plantas de la soledad,

como el interrogante que se arruga en la frente de
un niño.

Bajo las torres limpias que habrán de madrugar

hay mujeres que bailan sonriendo

de haberse escabullido de sus vidas.

El dolor es un arma que se hunde en el agua

y ciega se dispara ahí infinitamente.

Puedo abundar en esto si es mirando contigo el aire
abstracto

donde las casas se vacían de sus siglos,

su tiempo vivo en voluntad y horarios,

sus tardes de vivir y de morir,

el mapa de sudor de sus colchones.

Todo era verdad y ahora estamos

y somos dos que hablan en este parque atlántico

llevados por aroma de olas y mostaza

a este tiempo sin muerte de tanto que la hubo.

La claridad borraba las cosas que alumbraba:

un sillón en el cuarto del abrazo,

la levedad del aire respirado por dos,

el deseo de ser graves como los frívolos.

No llegaremos nunca al restaurante de ostras que
   vimos el primer día.

Encargaremos por teléfono

la pizza tortellini que no existe.

La muerte supo de algo. Tu voz la deja atrás,

yo dejaré mi calva, mi muerte para luego

aunque insiste su señal: ropa doblada,

glisando entre emisoras con el pulgar cansado,

calles en cuesta, esponja,

madera barnizada y lúgubre folclore.

En tus ojos prendió de niña tanto

la decisión de ser que casi no se explica

la demora ante mesas bajo ventilador

o láminas realistas de un cielo de la vida, una casa con
    grito,

la simpatía universal odiosa.

Esta bahía súbita: está al cargo la luz,

la blanca sombra oscura de los dos

sobre la yerba en cuesta que es el amor sin tiempo.

Playa de aquí tal vez también de allí,

unidad recetada por filósofos,

iba yo todavía el año cuatro

a la tienda de vídeos con visiones como esta.

Me he prestado impresiones para siempre

igual que quien entierra un archivo de fotos para que
    brote un árbol genealógico.

Escribí del amor en la pizarra

con tiza o pintalabios de esqueleto.

Echábamos raíces en semisótanos de biografía a cambio

de un heroísmo obseso de transfiguración,

perpetuo palimpsesto hacia delante,

arqueología del futuro.

Después de todo, creo

que hice bien en borrarme.

Después de todo,

mi jersey de pico.

Había abandonado las cuestiones de sitio como un
    joven.

Hubo algo de fe química.

En la vitalidad desesperada

quizá palpaba el código

de intuiciones que llevan siglos en la cabeza

como quien ha esnifado eternidad.

Ahora, incorporarnos juntos a la vida

en la que queda en sombra la procesión humana

si hablamos del acorde sociológico

que vibra de creencia, rituales,

grupos de chat gratuito en general.

Me fui quedando en restos de visiones,

el mundo un cielo húmedo,

un papel encharcado de acuarela.

Y quería acordarme de este mundo

hasta mirarte a ti comiendo un sándwich

junto al cristal con rótulo que es firma en cielo claro.

Lo intentan esas nubes,

los amantes que hablan en la yerba,

el arte como átomos de tiempo pintado por neuróticos,

comprado por estirpes con su sala asignada en el museo

calculando que tienen para la historia entera.

La historia: expositor de souvenirs

que reconoce el giro de los astros

o que remueve el líquido invisible

de la memoria de quien ama,

alambre giacometti en viaje de regreso

cuando ya vaya yo metido en mi maleta

junto a los perros en sus jaulas, joyas

que nocturnas emanan oro a los detectores.

En un ejecutivo hemos visto un reloj

dispuesto a marcar tiempo submarino que pueda
   durar siglos

como en visiones blancas y calladas

de algún documental sobre el Titanic.

Qué habrá sido de ti y de mí en los años

solos, con los amigos sabios

que nos recomendaban en los libros

no hacer caso del tiempo,

ceder la identidad a cambio de palabras,

vivir entre corchetes igual que un cactus místico.

Alumbraba la noche una ambición

y el tiempo te entendía,

tu escritura era un ángulo agudo con la noche

de silencio aprendido, una pequeña rama

de valor y de miedo en el bolígrafo

a lo largo de años concéntricos, vacíos,

inútil desbiográfico relato de la muerte.

Estas tardes con ropa leve y roja

rescatan algo aún del desamor

y del café con gafas, quiosco en el domingo,

mundo que era Noé con todo ya embarcado.

La infancia comprobó

descensos en la brisa de aquel ciclismo hermético

por terraplenes de solar herido

y una tarde contigo duplica la existencia

bajo un cielo capaz de revelarse

en la tarde casual del agua que repite.

La luz de las ventanas normal de cada vez

aquí está tan lavada más allá de la lógica

y de seguir cada mañana en casa, al sur del mundo,

sentados a una mesa con papelera al lado.

El tiempo es invisible y las termitas suenan y las olas

bañan esta ciudad desde la mía.

Suenan palabras del infierno

que sin duda tendrán también razón.

Tu abandono y el mío, alud inmóvil

que va girando un poco hacia la noche.

Bahía que no había:

todos llevamos dentro, por visión,

una ciudad interior que tendría este aire,

recodo de agua oscura y de aves que ya van a dormir.

No habrá más que mirarnos en una foto antigua,

aparecidos, fijos en el destino.

La brisa desoxida, los semáforos dicen monosílabos

rojos,

sol de ladrillo visto que regala a la tarde el oscilar en
poco más que tarde
para seguir las huellas de la luz en la piel.
Las dominicanas van a bailar contra el pasado,
lucen una alegría hecha con materiales de tristeza.
No haré nada con esto y no pasará nada,
esto es sólo una luz diluida en arcilla,
poder paladear sin sitio previo o muerte lo que somos.
Una vía de tren que ya no existe (el tren, queda la
vía)
conduce a unas afueras de cabañas y viento
en donde somos nuestros nombres juntos.
Amor sin tiempo o una vía de tren
tapada por el musgo y por la tierra
y luz de cielo sobre luz de agua
que sabe de nosotros de pie sobre la estrella.
Un astronauta dijo

que él era un colibrí.

Poder llamarse humano

quien ha mirado el mundo desde fuera.

Hablan al lado y es como si inventaran

palabras que reparten al futuro,

kilómetros de grietas el lenguaje,

la fluidez del terror y del amor hasta que,

en el abrazo,

llega la contraseña desde un tiempo invisible.

La hora, bajo efecto del amor,

tiene algo de intocada. Hable de lo que hable,

tiene algo que es ligero, o sea, sólo presente.

Este lugar y el tiempo son una sola cosa,

la mano de tu madre te acaricia

como notas de lluvia de una caja de música.

Bajo este cielo que nos deja ser,

no sé si es bueno o no

creer que se habla a alguien que no está.

Lo clama el aire, acaso. Los poetas

con su tendencia al agua y a la higuera

y a la familia estable.

Según ciertos tratados, seríamos un sitio

y a mí me vale algo de esa erotología; yo era, después

    de todo, provisionalidades esenciales,

matar un gorrión a los diez años

si no pensaba darle, pero por qué apunté.

O pensaba matarlo pero no desde luego dejarlo

    moribundo y tembloroso.

Me olvido de la muerte entre lo que la acoge.

Después, esto se pasa por un rato

y quién puede tomarse abril en serio

y todo, vida y muerte suplantadas por esta concreción

    acuática de Back Bay,

donde la precisión con que tu piel

dice algo a mi piel que dice algo

interponiendo ondas de conflicto feliz incuestionable,

emanación profunda vegetal

de juego de un muchacho entre bambúes

antes de ser suicida con dieciocho años.

Ahora en el sur están desmantelando

la casa en la que estuvo el semisótano.

Yo salía a los pájaros, dejaba de escribir,

me sustentaba en la continuidad de cualquier otro ser,

tener que sorprender la vida extática

por una carretera equivocada.

Un poema es reflejo de discontinuidad con un imán
    tragado,

todo menos la oda a la reforma agraria.

Contra la tarde cálida de Back Bay,

a la vez un principio y un final

como quien deja a la mitad un día

por recado imprevisto del olvido

o de abandono que le deja libre

para un tiempo que al fin va a ser amado,

este día equivale a ser amado:

césped, bahía-luz, noche de Back Bay

donde sentirme extrañamente libre

negando eso que cantan sin final:

dicen que la distancia es el olvido.

Seguir los pasos limpios de este día

en una pista irregular del día,

la poca vida que en verdad he amado

es esta donde, a giros del olvido,

nuestra Back Bay no es solamente Back Bay,

es una trama dulce sin final

o con final de agua, abierto y libre.

La metafísica del aire libre

son olas que concuerdan con el día,

rotas, reconstruidas, si al final
se trata de salvar lo que has amado.
Robas la flor azul del agua en Back Bay.
Yo quiero el mundo cuanto más lo olvido.
Y si no puede haber del todo olvido,
quiero el que hay, el que me deja libre
para que brille esta ribera en Back Bay.
El aire hace con olas este día.
He escapado de todo lo que he amado
cuando amar era un tiempo con final
y siempre era un principio ese final.
Miro el húmedo sol, el vago olvido
de este feliz desterritorio amado
donde el significado de ser libre
es ser y aún no ser quien mira el día
de reflejos en una orilla en Back Bay.
En Back Bay, donde veo que al final

el día del destino es el más libre
y gracias al olvido más he amado.

Boston-Málaga,
mayo de 2023-junio de 2024

Este libro se terminó de imprimir
en septiembre de 2024

RIL® editores • España

europa@rileditores.com

Se utilizó tecnología de última generación que reduce
el impacto medioambiental, pues ocupa estrictamente el
papel necesario para su producción, y se aplicaron altos
estándares para la gestión y reciclaje de desechos en
toda la cadena de producción.